Nachito y las estaciones

Carolyn Lee

ilustrado por Tim Beaumont

Mira a Nachito.

Pasea y no se moja.

Mira a Nachito.
Pasea su papalote.

Mira a Nachito.
Chupa un tomate.

Mira a Nachito.
Pasea bajo el sol.

Mira a Nachito en otoño.
Tiene una bufanda roja.

Mira a Nachito.
Reúne leña.

Mira a Nachito.
¿Por qué se tapa?